FICHE DE

DOCUMENT RÉDIGÉ
MAITRE EN
(UNIVERSITÉ

No et moi

DELPHINE DE VIGAN

lePetitLittéraire.fr

Delphine de Vigan
Romancière française

- **Née en 1966 à Boulogne-Billancourt**
- **Quelques-unes de ses œuvres :**
  No et moi (2007), roman
  Les Heures souterraines (2009), roman
  Rien ne s'oppose à la nuit (2011), roman

Delphine de Vigan est née en 1966 dans la région parisienne. C'est en 2001 qu'elle se fait connaitre du grand public avec un roman autobiographique traitant de l'anorexie, *Jours sans faim*, publié sous le pseudonyme de Lou Delvig. Le volume de nouvelles *Les Jolis Garçons* (2005) et le roman *Un soir de décembre* (2005) ont comme thème principal l'amour et ont été très bien accueillis par les lecteurs. En 2008, elle reçoit le prix des libraires pour son bestseller *No et moi* (2007) et le prix Renaudot des lycéens pour *Rien ne s'oppose à la nuit* (2011).

No et moi
Le récit émouvant d'une amitié improbable

- **Genre** : roman
- **Édition de référence** : *No et moi*, Paris, JC Lattès, 2008, 285 p.
- **1re édition** : 2007
- **Thématiques** : amitié, entraide, différence, pauvreté, sans-abri

No et moi (2007), transposé à l'écran en 2010 est le récit à la première personne d'une préadolescente surdouée de 13 ans, Lou Bertignac. Elle révèle ses questionnements sur la vie, sur ses relations familiales et humaines, sur l'amour et, surtout, sur la misère humaine. Lou rencontre une sans-abri de 18 ans, No, qu'elle aide à s'en sortir. Une vraie amitié se noue entre les deux filles. L'histoire est à la fois simple et touchante. Le talent de l'auteure réside surtout dans la description des émotions de la jeune fille, de ses états d'âme, de son espoir, de ses désillusions et de son apprentissage de la vie. *No et moi* est une leçon de vie qui combine des aspects sociaux et personnels.

RÉSUMÉ

LA RENCONTRE

À la gare d'Austerlitz, à Paris, une jeune fille, Lou Bertignac, rencontre une jeune SDF, Nolwenn, appelée No. D'emblée, elle décide du thème de son exposé pour le cours de sciences économiques et sociales : il portera sur les sans-abri. « Je vais retracer l'itinéraire d'une jeune femme sans-abri » (p. 12-13), annonce-t-elle. Elle ne se doute pas encore des changements qu'engendrera cette rencontre dans sa vie.

Pour préparer son exposé, la jeune fille invite No à prendre un verre, afin de discuter de son parcours, mais cette dernière préfère dans un premier temps écouter Lou parler. Au cours de leurs différents rendez-vous, Lou apprend que la jeune femme a 18 ans, qu'elle vit dans la rue depuis quelques mois et qu'elle est parfois abritée par des connaissances. Lou remplit un cahier entier avec le témoignage de No et, afin d'être prête pour son exposé, mène des recherches sur les SDF.

Lors d'un de leurs rendez-vous, Lou constate que No est très belle malgré ses traces noires et ses cheveux sales. De retour chez elle, elle se remémore chaque mot de sa discussion avec No. Lors du repas, son père est, comme d'habitude, très animé, mais, cette fois, Lou ne participe pas à la discussion. Elle est très affectée par l'indifférence de sa mère, dépressive depuis quelques années suite au décès de sa sœur.

L'EXPOSÉ

Lorsque la jeune fille présente son exposé, ses camarades l'applaudissent et elle obtient la note de 18/20. Lou retourne alors à la gare pour raconter cette réussite à No, mais la jeune femme ne s'y trouve pas. Elle n'est plus revenue depuis quelque temps, comme le lui explique la vendeuse d'un kiosque à journaux qui connait la SDF. Elle ajoute que Lou devrait mettre fin à son amitié avec la sans-abri: cette dernière vit dans un autre monde que le sien.

La jeune fille se rend dans un supermarché où travaille une ancienne amie de No afin de lui demander des nouvelles de la jeune femme, mais la personne en question ne sait rien. Lou part ensuite à sa recherche dans une rue où un SDF abritait parfois No: l'homme lui dit qu'elle pourra peut-être trouver No dans un des locaux de la soupe populaire. Lou retrouve effectivement No, quelques jours plus tard, en train de faire la queue pour recevoir son ticket. Mais celle-ci la repousse violemment: « J'ai pas besoin de toi » (p. 102), « barre-toi [...] C'est pas ta vie, tu comprends, c'est pas ta vie » (p. 103). Perdue et en colère contre No, Lou part: « Elle et tous les sans-abris de la terre, ils n'ont qu'à être plus sympathiques, moins sales, c'est bien fait pour eux, ils n'ont qu'à faire des efforts pour se rendre aimables au lieu de picoler sur les bancs et cracher par terre. » (p. 104)

LUCAS

Lou est étonnée de voir un jour No devant le lycée. Elle l'invite alors à manger. No lui raconte qu'elle se trouve dans un centre d'hébergement d'urgence et qu'elle cherche du travail, mais que, comme elle n'a pas d'adresse, personne ne veut l'engager. L'adolescente lui confie à son tour ses sentiments vis-à-vis de Lucas, un camarade. Après les vacances, Lucas l'a rejoint dans le bus vers l'école et lui a proposé de l'emmener à la patinoire. Lou est émue à l'idée que Lucas, qu'elle trouve incroyablement beau, préfère rester avec elle plutôt qu'avec les autres filles. Elle demande à No comment on embrasse un garçon, ce qui fait rire la jeune fille, qui elle-même fait quelques allusions à sa relation avec un certain Loïc.

Pour que No ait une adresse et puisse ainsi trouver du travail, Lou a l'idée de l'accueillir chez elle. Elle parvient à convaincre ses parents. Les premiers temps, No dort beaucoup et dit souvent à Lou : « On est ensemble. » (p. 136) Elle s'entend bien avec la mère de la jeune fille, à qui elle fait des confidences sur ses origines et qu'elle aide dans les tâches ménagères. De son côté, Lucas invite souvent les deux filles chez lui et, à l'école, passe beaucoup de temps avec Lou.

No est finalement embauchée comme femme de ménage dans un hôtel. Le travail est dur et elle devient nerveuse, se montrant parfois méchante avec Lou. Un jour, elle a envie d'aller voir sa mère, qui habite un HLM ; Lou l'accompagne. Mais lorsque No frappe à la porte, même si elle insiste et se met en colère, sa mère n'ouvre pas.

Peu après, les Bertignac partent pour quelques jours en Dordogne. De retour à Paris, ils constatent un changement : No, qui travaille de nuit, boit beaucoup d'alcool, laisse trainer ses affaires et ne se présente pas aux rendez-vous avec l'assistante sociale. Or, si elle veut rester chez eux, elle doit respecter leur vie, comme le lui explique le père de Lou. No se réfugie alors chez Lucas.

LA DISPARITION DE NO

Le jeune homme décide, avec Lou, de s'occuper de No à l'insu de tout le monde. Celle-ci commence à faire des économies : elle souhaite rejoindre son ami Loïc, qui travaille en Irlande. Mais la jeune femme continue à boire, ce qui nuit à Lucas : à cause d'elle, il arrive en retard à l'école et ne fait pas ses devoirs. Aussi No a-t-elle beaucoup d'argent dont elle n'explique pas la provenance.

Lorsque les parents de Lou découvrent les agissements de leur fille, ils avertissent la mère de Lucas. No doit alors partir, et Lou veut tout quitter et aller avec elle en Irlande. En attendant le départ, les deux filles passent la journée à se promener au cinéma et dans des bistrots, et No achète toutes sortes de choses pour Lou. Le matin, après avoir passé la nuit dans un hôtel minable, elles se rendent à la gare Saint-Lazare afin d'acheter des billets pour l'Angleterre, d'où elles veulent prendre le ferry pour l'Irlande. No, qui veut acheter les billets elle-même, demande à Lou de l'attendre. Mais, quelques heures plus tard, elle n'est toujours pas revenue.

Lou rentre alors chez elle et rassure ses parents. Avec Lucas, elle va voir l'ancienne amie de No qui travaille au supermarché : elle n'a pas de nouvelles de No et affirme que Loïc n'est jamais entré en relation avec la jeune SDF, contrairement à ce que celle-ci prétendait. Un jour, par surprise, Lucas prend son visage entre ses mains et l'embrasse.

ÉTUDE DES PERSONNAGES

LOU BERTIGNAC

Lou est une préadolescente de 13 ans intellectuellement précoce. Elle a sauté deux classes à l'école ; elle est donc la plus petite et la plus jeune de sa classe. Elle est encouragée par son père à développer sa curiosité intellectuelle : il lui offre des encyclopédies qu'elle dévore. Après le début de la dépression de sa mère, elle a été inscrite dans un collège pour surdoués à Nanterre et elle ne revenait chez elle que toutes les deux semaines. À chaque départ pour Nanterre, elle espérait « qu'un jour il [son père] appuierait sur l'accélérateur [...] et [les] projetterait tous les trois dans le mur du parking, unis pour toujours » (p. 59). C'est à ce moment-là que son sentiment de solitude a commencé à augmenter.

C'est d'ailleurs ce sentiment qui la pousse à s'accrocher au destin de No. Le quotidien de No est ressenti par Lou comme « un cadeau qui pèse lourd [...], un cadeau qui modifie les couleurs du monde, un cadeau qui remet en question toutes les théories » (p. 75). Elle fait alors tout pour sauver No. Le fait d'avoir quelqu'un à qui faire appel et de ne plus être seule « fait la différence » (p. 238) pour No, mais aussi pour Lou. La jeune fille n'accepte pas que les êtres humains vivent dans des mondes séparés en fonction de critères arbitraires comme l'argent ou le fait d'avoir du pouvoir. Elle voudrait que « les mondes communiquent entre eux » (p. 86). En aidant No et en devenant son amie, elle veut parvenir à concilier deux univers antagonistes.

Lou n'aime pas parler en public car elle a l'impression de ne pas maitriser la force des mots et préfère garder pour elle « l'excédent, l'abondance, ces mots qu'[elle] [...] multiplie en silence pour approcher la vérité » (p. 30). Si elle n'est pas très communicative avec ses camarades et avec ses parents, en son for intérieur, en revanche, elle est très active. Sans cesse elle réfléchit, compte les choses, fait des parallèles et des comparaisons, et observe. Ainsi, par exemple, elle s'étonne qu'on puisse voler dans l'espace et en même temps laisser mourir des SDF dans la rue ou, lorsqu'elle sent l'odeur du chou, elle commence à énumérer dans sa tête les variétés de choux. « Il faut toujours que je prenne les chemins de traverse, que je me disperse, c'est énervant mais c'est plus fort que moi » (p. 27), explique-t-elle. Elle va souvent à la gare d'Austerlitz parce que la gare est le cadre idéal pour observer les émotions humaines : « [L]'émotion se devine dans les regards, les gestes, les mouvements, [...] il y a toute sorte de gens, des jeunes, des vieux, des bien habillés, des gros, des maigres, des mal fagotés et tout. » (p. 15-16)

NO

Cette jeune femme de 18 ans s'appelle en réalité Nolwenn. Au début, elle n'a pas tellement envie de se confesser à Lou. Elle est en fait née suite à un viol dont sa mère a été victime quand elle n'avait que 15 ans. Provenant d'une famille pauvre, sa mère n'a eu d'autre choix que de garder le bébé, mais, dès le début, elle l'a détesté : elle ne pouvait l'appeler par son nom, le toucher ou jouer avec lui. No a donc été élevée par ses grands-parents, des paysans bretons. Quand sa grand-mère est morte, No a rejoint sa mère, mais celle-ci a continué à la rejeter. Ses seuls moments de joie étaient quand son beau-père jouait avec elle et lui parlait avec douceur. Mais ce dernier a fini par quitter la mère de No, qui était jalouse de sa fille. Sa mère est ensuite devenue alcoolique et No a été obligée de sécher les cours pour l'aider. Les services sociaux ont finalement placé No dans une famille d'accueil, où elle a été bien traitée. Mais, comme elle était déjà une adolescente éprise d'indépendance et d'expériences dangereuses (alcool, cigarettes, compagnons étranges), elle fuguait souvent. On l'a alors inscrite dans un internat où elle a rencontré Loïc, dont elle est tombée amoureuse. À 18 ans, elle s'est retrouvée sans diplôme et sans personne chez qui aller. Elle est alors devenue sans-abri.

Lorsqu'elle rencontre Lou, elle lui explique que les SDF avec qui elle parle ne sont pas ses amis car, « dehors, on n'a pas d'amis » (p. 65). « Elle raconte la peur, le froid, l'errance [...] [et la] violence » (p. 68) et s'interrompt souvent pour boire, pour fumer ou tout simplement pour avoir du silence. Lou interprète cela comme un signe d'impuissance : « [N]otre silence est chargé de toute l'impuissance du monde, notre silence est comme un retour à l'origine des choses, à leur vérité. » (p. 69)

Son expérience de sans-abri l'a rendue instable et susceptible, comme on peut le voir dans l'épisode où elle rejette Lou, pourtant son amie. Cela l'a aussi rendue indifférente par rapport à son propre être (elle crache, elle injurie et elle ronge ses ongles). Quand elle a un peu d'argent, elle le dépense sans réfléchir : elle offre une paire de baskets très chers à Lou et, la veille de son départ définitif, elle invite son amie partout.

Elle parait convaincue par la théorie de la vendeuse de journaux qui estime qu'elle n'est pas du même monde que Lou, puisqu'elle ne peut s'adapter aux règles de vie commune des Bertignac. Elle finit alors par quitter son amie.

LUCAS

Ce garçon de 17 ans, très beau selon Lou et ses autres camarades, n'est pas intéressé par l'école : il a déjà redoublé deux fois. Il a un air blasé qui attire les regards des filles et qui énerve les professeurs. Tout comme Lou ou comme No, il souffre de solitude : son père a quitté sa famille pour vivre au Brésil et sa mère a trouvé un nouveau compagnon. Elle rend rarement visite à son fils. Lucas se débrouille donc tout seul. Il décide alors d'aider No et soutient Lou dans toutes ses entreprises. Lucas invente des histoires sur le futur de No (« des jours meilleurs, des hasards bienfaiteurs, des contes de fées » p. 159), pour lui donner du courage. Il n'est pas insensible aux sentiments de Lou (qu'il appelle Pépite) : il les comprend et les partage.

CLÉS DE LECTURE

UN ROMAN HUMANISTE

L'enjeu de cet ouvrage n'est pas de s'ériger en roman social (puisqu'il ne s'engage pas du côté d'une classe sociale contre une autre), mais de souligner une des difformités de la société actuelle : le nombre inquiétant de sans-abris et leurs difficultés à s'en sortir. Il s'agit donc plutôt d'un roman humaniste, c'est-à-dire qui place l'homme et ses valeurs au-dessus de tout.

Par quels coups de la vie peut-on se retrouver à la rue ? Lou ne le comprend pas. Le SDF qui résidait dans leur quartier depuis des années, par exemple, s'est retrouvé à la rue car, quitté par sa femme, il n'a pas pu gérer la situation et s'est perdu personnellement et socialement. D'autres exemples sont donnés par No : « Des femmes normales qui ont perdu leur travail ou qui se sont enfuies de chez elles, des femmes battues ou chassées » (p. 72).

Les SDF, déjà dans une situation très difficile, deviennent à la longue encore plus déplorables. Ils ne peuvent pas trouver du travail, sont obligés de faire la queue pour un bol de soupe, sont chassés des magasins dès qu'ils s'y réfugient pour se chauffer, sont sales, etc. Les éventuels employeurs profitent de leur situation de faiblesse, comme c'est le cas pour No : elle est embauchée à mi-temps, mais elle travaille à plein temps et, en plus du ménage, elle doit aussi s'occuper du bar et de l'accueil des clients. En outre, il y a beaucoup de violence entre les SDF, comme le montre l'épisode de la soupe populaire, où ils se disputent les places, ou encore celui des deux femmes qui se battent pour un mégot. «Voilà ce qu'on devient, des bêtes, des putains de bêtes» (p. 74), explique No en racontant cet épisode à Lou. Ainsi, ils semblent appartenir à un autre univers, comme le pense No. Quand cette dernière passe, indifférente, à côté d'un SDF qui l'a abritée quelques fois et qu'elle fait semblant de ne pas voir, Lou, qui l'accompagne, lui dit que c'est quand même son ami. No, qui a un travail, revient alors sur ses pas et donne 20 euros au SDF, mais celui-ci refuse le billet et crache par terre. Serait-il convaincu, comme No, que les sans-abris font partie d'un autre monde que ceux qui ont des moyens financiers et que, dans ce monde à eux, il y a des règles à respecter, une hiérarchie ou une dignité difficile à appréhender ?

Delphine de Vigan pointe ainsi du doigt un dysfonctionnement de la société actuelle, où l'on est capable de progrès technique, mais incapable de s'occuper de ses semblables démunis. On est en train de devenir une société mécanisée et déshumanisée. Cela semble d'ailleurs être la conclusion de Lou. L'auteur dénonce donc dans ce roman le rejet et la stigmatisation des SDF par certains de leurs semblables, indifférents.

Notons que l'auteur veut également mettre en évidence l'omniprésence de la violence, qui n'est pas uniquement présente chez les sans-abris. Lou, qui pensait que la violence était physique, en découvre de nouvelles manifestations dans les silences de No («la violence est ce temps qui recouvre les blessures, [...] cet impossible retour en

arrière » p. 261), dans le manque de réaction de sa mère
(« ma mère reste debout [...] les bras le long du corps. [L]a
violence est là aussi, dans ce geste impossible qui va d'elle
vers moi, ce geste à jamais suspendu », p. 265), dans le
quotidien (« il suffisait de compter ceux qui parlent tout
seuls ou qui déraillent, il suffisait de prendre le métro »
p. 278). Dans notre société, la violence est partout.

Mais Lou veut prouver qu'il suffit de regarder autour de soi
et de s'ouvrir à autrui pour changer le cours des choses :

> Un jour on s'attache à une silhouette, à une personne,
> on pose des questions, on essaie de trouver des rai-
> sons, des explications. Et puis on compte. Les autres,
> des milliers. Comme le symptôme de notre monde malade.
> Les choses sont ce qu'elles sont. Mais moi je crois qu'il faut
> garder les yeux grands ouverts. Pour commencer. (p. 79)

LE THÈME DE LA SOLITUDE

Ce qui est également mis en évidence dans ce roman, c'est
la solitude des jeunes.

Lou, une fille pourtant aimée et vivant dans une famille
aisée, se sent seule (c'est une expression qu'elle répète
plusieurs fois) et trouve une amie en la personne de No,
avec qui elle n'a pourtant en commun que le fait d'être
seule. Quand elle décide d'aider No et de ne pas l'abandon-
ner, elle est seule à mener ce projet (ses parents n'acceptent
No que tant qu'elle ne dévie pas). Lou sait très bien quand
sa solitude a commencé : un jour, après le décès de sa

sœur, alors qu'elle faisait du vélo dans un parc avec sa mère, elle est tombée, mais sa mère n'a rien vu et n'a pas réagi. C'est une dame qui l'a aidée à se relever. Celle-ci lui a ensuite fait un signe de la main : « [U]n signe comme ça [...] veut dire qu'il va falloir être forte, il va falloir grandir avec ça. Ou plutôt sans. » (p. 244) Sans l'affection de sa mère.

No est également une fille abandonnée par sa mère. Lou a l'impression que lorsque No se confesse à sa propre mère, c'est pour essayer de trouver une mère de substitution. La jeune fille est alors en colère, surtout quand elle entend sa mère raconter à No comment son bébé est mort (elle se sent encore une fois trahie par sa mère). Mais la solitude de No est surtout sociale : aucun lien ne peut se créer entre elle et les SDF qu'elle fréquente, et le système d'assistance sociale ne fait que mettre plus de pression sur elle. Une sorte de système de défense contre tout naît alors en elle, ce qui se manifeste par une certaine indépendance : elle rejette (son surnom évoque d'ailleurs la négation) tout geste d'aide ou d'amitié. Elle accepte l'aide de Lou et de Lucas, mais elle les quitte finalement.

Lucas est un cas à part de solitude. Il est tout simplement laissé à l'abandon par ses parents, qui l'aiment pourtant et qui pensent pouvoir compenser leur absence par des chèques. Il est assez fort pour vaincre sa solitude et pour devenir un adulte sûr de lui.

UN ROMAN D'INITIATION
ET D'APPRENTISSAGE

No et moi est un roman d'initiation et d'apprentissage dans le sens où Lou, une préadolescente en train de grandir, est plongée dans la réalité de la vie et acquiert des notions sur les relations humaines et sur le fonctionnement de la société. La jeune fille est confrontée à différents aspects du monde (les sans-abris, l'amour et le manque d'amour, l'amitié) qui influencent son évolution et l'aident à se forger des opinions personnelles.

Elle qui était seule apprend ce qu'est l'amitié et s'en fait une vision utopique. Elle pense au renard du *Petit Prince* d'Antoine de Saint-Exupéry, au fragment sur la signification du verbe « apprivoiser » qu'elle a mémorisé et qu'elle veut mettre en application :

« Tu n'es encore pour moi qu'un petit garçon tout semblable à cent mille petits garçons. Et je n'ai pas besoin de toi. Je ne suis pour toi qu'un renard semblable à cent mille renards. Mais, si tu m'apprivoises, nous aurons besoin l'un de l'autre. Tu seras pour moi unique au monde. Je serai pour toi unique au monde. (p. 212)

Elle est apprivoisée par No et, par la suite, elle en a besoin pour ne plus être seule et parce qu'elle devient son amie. No est alors unique pour Lou. Mais c'est moins sûr que, de son côté, No accepte ou attende d'être apprivoisée : le fait d'avoir abandonné Lou et de l'avoir rejetée à différents moments montre qu'elle a des réserves sur la création de liens forts, même si elle s'assure sans cesse de la confiance de Lou. Ce n'est pas de la simple indifférence, No n'est pas une profiteuse, mais, comme Lou le suppose, il peut s'agir tout simplement du fait que, étant donné que c'est la première fois dans sa vie que quelqu'un s'occupe réellement d'elle et veut l'aider, No ne sait pas comment réagir.

Lou voit ainsi son amitié mise à l'épreuve et, tout au long du livre, apprend énormément de choses sur les relations humaines. Ajoutons qu'elle découvre également l'amour à travers le personnage de Lucas.

PISTES DE RÉFLEXION

QUELQUES QUESTIONS POUR APPROFONDIR SA RÉFLEXION...

- Quelles sont les valeurs humaines mises en avant dans cet ouvrage ?
- Y-a-t-il une démarche « engagée » de la part de l'auteure ? Peut-on dire qu'elle se propose de dénoncer le système social actuel ?
- Comment expliquez-vous le sentiment de solitude de Lou ?
- Trois mères sont présentées dans ce roman. Dressez leurs portraits et comparez-les.
- Lou est intellectuellement précoce. Comment le vit-elle ? Est-ce qu'elle sent que cela lui est utile dans la vie de tous les jours ?
- No préfère ne pas parler directement d'elle. À votre avis, pourquoi ?
- Imaginez que vous devez faire un exposé sur le thème des sans-abris. Que diriez-vous ?
- *No et moi* a été transposé à l'écran en 2010. Comparez l'impact du film (qui tient du visuel) et du livre (de la lecture) sur le public.
- Cet ouvrage a obtenu beaucoup de succès chez les jeunes. À quoi imputez-vous cela ?

POUR ALLER PLUS LOIN

ÉDITION DE RÉFÉRENCE

- Vigan D. de, *No et moi*, Paris, JC Lattès, 2008.

ADAPTATION

- *No et moi*, film de Zabou Breitman, avec Nina Rodriguez et Julie-Marie Parmentier, 2010.

SUR LEPETITLITTÉRAIRE.FR

- Fiche de lecture sur *Les Heures souterraines* de Delphine de Vigan
- Fiche de lecture sur *Rien ne s'oppose à la nuit* de Delphine de Vigan

Retrouvez notre offre complète sur lePetitLittéraire.fr

- des fiches de lectures
- des commentaires littéraires
- des questionnaires de lecture
- des résumés

ANOUILH
- Antigone

AUSTEN
- Orgueil et Préjugés

BALZAC
- Eugénie Grandet
- Le Père Goriot
- Illusions perdues

BARJAVEL
- La Nuit des temps

BEAUMARCHAIS
- Le Mariage de Figaro

BECKETT
- En attendant Godot

BRETON
- Nadja

CAMUS
- La Peste
- Les Justes
- L'Étranger

CARRÈRE
- Limonov

CÉLINE
- Voyage au bout de la nuit

CERVANTÈS
- Don Quichotte de la Manche

CHATEAUBRIAND
- Mémoires d'outre-tombe

CHODERLOS DE LACLOS
- Les Liaisons dangereuses

CHRÉTIEN DE TROYES
- Yvain ou le Chevalier au lion

CHRISTIE
- Dix Petits Nègres

CLAUDEL
- La Petite Fille de Monsieur Linh
- Le Rapport de Brodeck

COELHO
- L'Alchimiste

CONAN DOYLE
- Le Chien des Baskerville

DAI SIJIE
- Balzac et la Petite Tailleuse chinoise

DE GAULLE
- Mémoires de guerre III. Le Salut. 1944-1946

DE VIGAN
- No et moi

DICKER
- La Vérité sur l'affaire Harry Quebert

DIDEROT
- Supplément au Voyage de Bougainville

DUMAS
- Les Trois Mousquetaires

ÉNARD
- Parlez-leur de batailles, de rois et d'éléphants

FERRARI
- Le Sermon sur la chute de Rome

FLAUBERT
- Madame Bovary

FRANK
- Journal d'Anne Frank

FRED VARGAS
- Pars vite et reviens tard

GARY
- La Vie devant soi

GAUDÉ
- La Mort du roi Tsongor
- Le Soleil des Scorta

GAUTIER
- La Morte amoureuse
- Le Capitaine Fracasse

GAVALDA
- 35 kilos d'espoir

GIDE
- Les Faux-Monnayeurs

GIONO
- Le Grand Troupeau
- Le Hussard sur le toit

GIRAUDOUX
- La guerre de Troie n'aura pas lieu

GOLDING
- Sa Majesté des Mouches

GRIMBERT
- Un secret

HEMINGWAY
- Le Vieil Homme et la Mer

HESSEL
- Indignez-vous !

HOMÈRE
- L'Odyssée

HUGO
- Le Dernier Jour d'un condamné
- Les Misérables
- Notre-Dame de Paris

HUXLEY
- Le Meilleur des mondes

IONESCO
- Rhinocéros
- La Cantatrice chauve

JARY
- Ubu roi

JENNI
- L'Art français de la guerre

JOFFO
- Un sac de billes

KAFKA
- La Métamorphose

KEROUAC
- Sur la route

KESSEL
- Le Lion

LARSSON
- Millenium I. Les hommes qui n'aimaient pas les femmes

LE CLÉZIO
- Mondo

LEVI
- Si c'est un homme

LEVY
- Et si c'était vrai...

MAALOUF
- Léon l'Africain

MALRAUX
- La Condition humaine

MARIVAUX
- La Double Inconstance
- Le Jeu de l'amour et du hasard

MARTINEZ
- Du domaine des murmures

MAUPASSANT
- Boule de suif
- Le Horla
- Une vie

MAURIAC
- Le Nœud de vipères

MAURIAC
- Le Sagouin

MÉRIMÉE
- Tamango
- Colomba

MERLE
- La mort est mon métier

MOLIÈRE
- Le Misanthrope
- L'Avare
- Le Bourgeois gentilhomme

MONTAIGNE
- Essais

MORPURGO
- Le Roi Arthur

MUSSET
- Lorenzaccio

MUSSO
- Que serais-je sans toi ?

NOTHOMB
- Stupeur et Tremblements

ORWELL
- La Ferme des animaux
- 1984

PAGNOL
- La Gloire de mon père

PANCOL
- Les Yeux jaunes des crocodiles

PASCAL
- Pensées

PENNAC
- Au bonheur des ogres

POE
- La Chute de la maison Usher

PROUST
- Du côté de chez Swann

QUENEAU
- Zazie dans le métro

QUIGNARD
- Tous les matins du monde

RABELAIS
- Gargantua

RACINE
- Andromaque
- Britannicus
- Phèdre

ROUSSEAU
- Confessions

ROSTAND
- Cyrano de Bergerac

ROWLING
- Harry Potter à l'école des sorciers

SAINT-EXUPÉRY
- Le Petit Prince
- Vol de nuit

SARTRE
- Huis clos
- La Nausée
- Les Mouches

SCHLINK
- Le Liseur

SCHMITT
- La Part de l'autre
- Oscar et la Dame rose

SEPULVEDA
- Le Vieux qui lisait des romans d'amour

SHAKESPEARE
- Roméo et Juliette

SIMENON
- Le Chien jaune

STEEMAN
- L'Assassin habite au 21

STEINBECK
- Des souris et des hommes

STENDHAL
- Le Rouge et le Noir

STEVENSON
- L'Île au trésor

SÜSKIND
- Le Parfum

TOLSTOÏ
- Anna Karénine

TOURNIER
- Vendredi ou la Vie sauvage

TOUSSAINT
- Fuir

UHLMAN
- L'Ami retrouvé

VERNE
- Le Tour du monde en 80 jours
- Vingt mille lieues sous les mers
- Voyage au centre de la terre

VIAN
- L'Écume des jours

VOLTAIRE
- Candide

WELLS
- La Guerre des mondes

YOURCENAR
- Mémoires d'Hadrien

ZOLA
- Au bonheur des dames
- L'Assommoir
- Germinal

ZWEIG
- Le Joueur d'échecs

Et beaucoup d'autres sur lePetitLittéraire.fr

www.lepetitlitteraire.fr

ISBN version imprimée : 978-2-8062-1386-0
ISBN version numérique : 978-2-8062-1878-0
Dépôt légal : D/2013/12.603/303